MW01089407

This Book Belongs To

**Westport
Publishing**

Keep this book in a safe place at all times

Contents

Computer, Cell Phone & Internet Information

Helps you keep your computer details handy at all times.

Very useful when you have to quote computer, cell phone or Internet connection information.

Internet Passwords

Space for 416 login IDs and their passwords.

Keep all your information safely in one place.

Quickly find login and password details organized alphabetically.

Computer, Cell Phone & Internet Information

Computer
Information

Computer #1

Make _____

Model _____

Serial No. _____

Notes _____

_____

Printer #1

Make _____

Model _____

Serial No. _____

Notes _____

_____

Computer Support

Company _____

Contact Name _____

Email _____

Phone _____

_____

Computer
Information

Computer #2

Make _____

Model _____

Serial No. _____

Notes _____

_____

Printer #2

Make _____

Model _____

Serial No. _____

Notes _____

_____

Computer Support

Company _____

Contact Name _____

Email _____

Phone _____

_____

Cell Phone
Information

Cell Phone #1

Make _____

Model _____

Serial No. _____

Notes _____

_____

Cell Phone #2

Make _____

Model _____

Serial No. _____

Notes _____

_____

Cell Support

Telecoms
Company _____

Website _____

Account No _____

Phone _____

_____

Internet Connection

Home Wireless (WiFi) Network

Type of Link
(e.g.; DSL,
Fiber)

_____

Speed of Link

_____

Network User
Name

_____

Network
Password

_____

Notes

_____

Home Wireless (WiFi) Network

Network
Name

_____

Network
Password

_____

Internet Connection Support

Telecom
Company

_____

Website

_____

Phone

_____

User ID /
Account No.

_____

Password

_____

Internet
Passwords

A

Website _____

User Name _____

Password _____

Notes _____

_____

Website _____

User Name _____

Password _____

Notes _____

_____

Website _____

User Name _____

Password _____

Notes _____

_____

Website _____

User Name _____

Password _____

Notes _____

_____

Website

User Name

Password

Notes

Website

User Name

Password

Notes

Website

User Name

Password

Notes

Website

User Name

Password

Notes

A

Website _____

User Name _____

Password _____

Notes _____

_____

Website _____

User Name _____

Password _____

Notes _____

_____

Website _____

User Name _____

Password _____

Notes _____

_____

Website _____

User Name _____

Password _____

Notes _____

_____

Website _____

User Name _____

Password _____

Notes _____

_____

_____

Website _____

User Name _____

Password _____

Notes _____

_____

_____

Website _____

User Name _____

Password _____

Notes _____

_____

_____

Website _____

User Name _____

Password _____

Notes _____

_____

_____

B

Website _____

User Name _____

Password _____

Notes _____

_____

Website _____

User Name _____

Password _____

Notes _____

_____

Website _____

User Name _____

Password _____

Notes _____

_____

Website _____

User Name _____

Password _____

Notes _____

_____

B

Website

User Name

Password

Notes

Website

User Name

Password

Notes

Website

User Name

Password

Notes

Website

User Name

Password

Notes

B

Website _____

User Name _____

Password _____

Notes _____

_____

Website _____

User Name _____

Password _____

Notes _____

_____

Website _____

User Name _____

Password _____

Notes _____

_____

Website _____

User Name _____

Password _____

Notes _____

_____

Website

User Name

Password

Notes

Website

User Name

Password

Notes

Website

User Name

Password

Notes

Website

User Name

Password

Notes

C

Website
_____

User Name
_____

Password
_____

Notes
_____

_____

Website
_____

User Name
_____

Password
_____

Notes
_____

_____

Website
_____

User Name
_____

Password
_____

Notes
_____

_____

Website
_____

User Name
_____

Password
_____

Notes
_____

_____

Website

User Name

Password

Notes

Website

User Name

Password

Notes

Website

User Name

Password

Notes

Website

User Name

Password

Notes

C

Website _____

User Name _____

Password _____

Notes _____

_____

_____

Website _____

User Name _____

Password _____

Notes _____

_____

_____

Website _____

User Name _____

Password _____

Notes _____

_____

_____

Website _____

User Name _____

Password _____

Notes _____

_____

_____

C

Website

User Name

Password

Notes

Website

User Name

Password

Notes

Website

User Name

Password

Notes

Website

User Name

Password

Notes

D

Website
_____

User Name
_____

Password
_____

Notes
_____

_____

Website
_____

User Name
_____

Password
_____

Notes
_____

_____

Website
_____

User Name
_____

Password
_____

Notes
_____

_____

Website
_____

User Name
_____

Password
_____

Notes
_____

_____

D

Website

User Name

Password

Notes

Website

User Name

Password

Notes

Website

User Name

Password

Notes

Website

User Name

Password

Notes

D

Website _____

User Name _____

Password _____

Notes _____

_____

_____

Website _____

User Name _____

Password _____

Notes _____

_____

_____

Website _____

User Name _____

Password _____

Notes _____

_____

_____

Website _____

User Name _____

Password _____

Notes _____

_____

D

Website _____

User Name _____

Password _____

Notes _____

_____

Website _____

User Name _____

Password _____

Notes _____

_____

Website _____

User Name _____

Password _____

Notes _____

_____

Website _____

User Name _____

Password _____

Notes _____

_____

E

Website

User Name

Password

Notes

Website

User Name

Password

Notes

Website

User Name

Password

Notes

Website

User Name

Password

Notes

Website

User Name

Password

Notes

Website

User Name

Password

Notes

Website

User Name

Password

Notes

Website

User Name

Password

Notes

E

Website _____

User Name _____

Password _____

Notes _____

_____

_____

Website _____

User Name _____

Password _____

Notes _____

_____

_____

Website _____

User Name _____

Password _____

Notes _____

_____

_____

Website _____

User Name _____

Password _____

Notes _____

_____

_____

Website _____

User Name _____

Password _____

Notes _____

_____

Website _____

User Name _____

Password _____

Notes _____

_____

Website _____

User Name _____

Password _____

Notes _____

_____

Website _____

User Name _____

Password _____

Notes _____

_____

F

Website

User Name

Password

Notes

Website

User Name

Password

Notes

Website

User Name

Password

Notes

Website

User Name

Password

Notes

F

Website _____

User Name _____

Password _____

Notes _____

_____

Website _____

User Name _____

Password _____

Notes _____

_____

Website _____

User Name _____

Password _____

Notes _____

_____

Website _____

User Name _____

Password _____

Notes _____

_____

F

Website _____

User Name _____

Password _____

Notes _____

_____

_____

Website _____

User Name _____

Password _____

Notes _____

_____

_____

Website _____

User Name _____

Password _____

Notes _____

_____

_____

Website _____

User Name _____

Password _____

Notes _____

_____

_____

F

Website

User Name

Password

Notes

Website

User Name

Password

Notes

Website

User Name

Password

Notes

Website

User Name

Password

Notes

G

Website _____

User Name _____

Password _____

Notes _____

_____

Website _____

User Name _____

Password _____

Notes _____

_____

Website _____

User Name _____

Password _____

Notes _____

_____

Website _____

User Name _____

Password _____

Notes _____

_____

G

Website

User Name

Password

Notes

Website

User Name

Password

Notes

Website

User Name

Password

Notes

Website

User Name

Password

Notes

G

Website _____

User Name _____

Password _____

Notes _____

_____

_____

Website _____

User Name _____

Password _____

Notes _____

_____

_____

Website _____

User Name _____

Password _____

Notes _____

_____

_____

Website _____

User Name _____

Password _____

Notes _____

_____

Website

User Name

Password

Notes

Website

User Name

Password

Notes

Website

User Name

Password

Notes

Website

User Name

Password

Notes

H

Website

User Name

Password

Notes

Website

User Name

Password

Notes

Website

User Name

Password

Notes

Website

User Name

Password

Notes

H

Website

User Name

Password

Notes

Website

User Name

Password

Notes

Website

User Name

Password

Notes

Website

User Name

Password

Notes

H

Website _____

User Name _____

Password _____

Notes _____

_____

Website _____

User Name _____

Password _____

Notes _____

_____

Website _____

User Name _____

Password _____

Notes _____

_____

Website _____

User Name _____

Password _____

Notes _____

_____

Website _____

User Name _____

Password _____

Notes _____

_____

Website _____

User Name _____

Password _____

Notes _____

_____

Website _____

User Name _____

Password _____

Notes _____

_____

Website _____

User Name _____

Password _____

Notes _____

_____

I

Website _____

User Name _____

Password _____

Notes _____

_____

Website _____

User Name _____

Password _____

Notes _____

_____

Website _____

User Name _____

Password _____

Notes _____

_____

Website _____

User Name _____

Password _____

Notes _____

_____

Website _____

User Name _____

Password _____

Notes _____

_____

Website _____

User Name _____

Password _____

Notes _____

_____

Website _____

User Name _____

Password _____

Notes _____

_____

Website _____

User Name _____

Password _____

Notes _____

_____

I

Website

User Name

Password

Notes

Website

User Name

Password

Notes

Website

User Name

Password

Notes

Website

User Name

Password

Notes

I

Website _____

User Name _____

Password _____

Notes _____

_____

Website _____

User Name _____

Password _____

Notes _____

_____

Website _____

User Name _____

Password _____

Notes _____

_____

Website _____

User Name _____

Password _____

Notes _____

_____

J

Website

User Name

Password

Notes

Website

User Name

Password

Notes

Website

User Name

Password

Notes

Website

User Name

Password

Notes

J

Website _____

User Name _____

Password _____

Notes _____

_____

Website _____

User Name _____

Password _____

Notes _____

_____

Website _____

User Name _____

Password _____

Notes _____

_____

Website _____

User Name _____

Password _____

Notes _____

_____

J

Website

User Name

Password

Notes

Website

User Name

Password

Notes

Website

User Name

Password

Notes

Website

User Name

Password

Notes

Website   _____

User Name   _____

Password   _____

Notes   _____

_____

Website   _____

User Name   _____

Password   _____

Notes   _____

_____

Website   _____

User Name   _____

Password   _____

Notes   _____

_____

Website   _____

User Name   _____

Password   _____

Notes   _____

_____

K

Website _____

User Name _____

Password _____

Notes _____

_____

Website _____

User Name _____

Password _____

Notes _____

_____

Website _____

User Name _____

Password _____

Notes _____

_____

Website _____

User Name _____

Password _____

Notes _____

_____

K

Website

User Name

Password

Notes

Website

User Name

Password

Notes

Website

User Name

Password

Notes

Website

User Name

Password

Notes

K

Website

User Name

Password

Notes

Website

User Name

Password

Notes

Website

User Name

Password

Notes

Website

User Name

Password

Notes

K

Website _____

User Name _____

Password _____

Notes _____

_____

_____

Website _____

User Name _____

Password _____

Notes _____

_____

_____

Website _____

User Name _____

Password _____

Notes _____

_____

_____

Website _____

User Name _____

Password _____

Notes _____

_____

_____

L

Website _____

User Name _____

Password _____

Notes _____

_____

Website _____

User Name _____

Password _____

Notes _____

_____

Website _____

User Name _____

Password _____

Notes _____

_____

Website _____

User Name _____

Password _____

Notes _____

_____

Website _____

User Name _____

Password _____

Notes _____

_____

Website _____

User Name _____

Password _____

Notes _____

_____

Website _____

User Name _____

Password _____

Notes _____

_____

Website _____

User Name _____

Password _____

Notes _____

_____

L

Website _____

User Name _____

Password _____

Notes _____

_____

Website _____

User Name _____

Password _____

Notes _____

_____

Website _____

User Name _____

Password _____

Notes _____

_____

Website _____

User Name _____

Password _____

Notes _____

_____

Website

User Name

Password

Notes

Website

User Name

Password

Notes

Website

User Name

Password

Notes

Website

User Name

Password

Notes

M

Website _____

User Name _____

Password _____

Notes _____

_____

Website _____

User Name _____

Password _____

Notes _____

_____

Website _____

User Name _____

Password _____

Notes _____

_____

Website _____

User Name _____

Password _____

Notes _____

_____

M

Website

User Name

Password

Notes

Website

User Name

Password

Notes

Website

User Name

Password

Notes

Website

User Name

Password

Notes

M

Website _____

User Name _____

Password _____

Notes _____

_____

Website _____

User Name _____

Password _____

Notes _____

_____

Website _____

User Name _____

Password _____

Notes _____

_____

Website _____

User Name _____

Password _____

Notes _____

_____

Website _____

User Name _____

Password _____

Notes _____

_____

_____

Website _____

User Name _____

Password _____

Notes _____

_____

_____

Website _____

User Name _____

Password _____

Notes _____

_____

_____

Website _____

User Name _____

Password _____

Notes _____

_____

_____

N

Website

User Name

Password

Notes

Website

User Name

Password

Notes

Website

User Name

Password

Notes

Website

User Name

Password

Notes

N

Website

User Name

Password

Notes

Website

User Name

Password

Notes

Website

User Name

Password

Notes

Website

User Name

Password

Notes

N

Website _____

User Name _____

Password _____

Notes _____

_____

Website _____

User Name _____

Password _____

Notes _____

_____

Website _____

User Name _____

Password _____

Notes _____

_____

Website _____

User Name _____

Password _____

Notes _____

_____

Website _____

User Name _____

Password _____

Notes _____

_____

Website _____

User Name _____

Password _____

Notes _____

_____

Website _____

User Name _____

Password _____

Notes _____

_____

Website _____

User Name _____

Password _____

Notes _____

_____

O

Website _____

User Name _____

Password _____

Notes _____

_____

Website _____

User Name _____

Password _____

Notes _____

_____

Website _____

User Name _____

Password _____

Notes _____

_____

Website _____

User Name _____

Password _____

Notes _____

_____

Website _____

User Name _____

Password _____

Notes _____

_____

_____

Website _____

User Name _____

Password _____

Notes _____

_____

_____

Website _____

User Name _____

Password _____

Notes _____

_____

_____

Website _____

User Name _____

Password _____

Notes _____

_____

O

Website

User Name

Password

Notes

Website

User Name

Password

Notes

Website

User Name

Password

Notes

Website

User Name

Password

Notes

O

Website

User Name

Password

Notes

Website

User Name

Password

Notes

Website

User Name

Password

Notes

Website

User Name

Password

Notes

P

Website _____

User Name _____

Password _____

Notes _____

_____

_____

Website _____

User Name _____

Password _____

Notes _____

_____

_____

Website _____

User Name _____

Password _____

Notes _____

_____

_____

Website _____

User Name _____

Password _____

Notes _____

_____

_____

P

Website

User Name

Password

Notes

Website

User Name

Password

Notes

Website

User Name

Password

Notes

Website

User Name

Password

Notes

P

Website _____

User Name _____

Password _____

Notes _____

_____

_____

Website _____

User Name _____

Password _____

Notes _____

_____

_____

Website _____

User Name _____

Password _____

Notes _____

_____

_____

Website _____

User Name _____

Password _____

Notes _____

_____

_____

P

Website _____

User Name _____

Password _____

Notes _____

_____

Website _____

User Name _____

Password _____

Notes _____

_____

Website _____

User Name _____

Password _____

Notes _____

_____

Website _____

User Name _____

Password _____

Notes _____

_____

Q

Website

User Name

Password

Notes

Website

User Name

Password

Notes

Website

User Name

Password

Notes

Website

User Name

Password

Notes

Q

Website

User Name

Password

Notes

Website

User Name

Password

Notes

Website

User Name

Password

Notes

Website

User Name

Password

Notes

Q

Website _____

User Name _____

Password _____

Notes _____

_____

Website _____

User Name _____

Password _____

Notes _____

_____

Website _____

User Name _____

Password _____

Notes _____

_____

Website _____

User Name _____

Password _____

Notes _____

_____

Q

Website _____

User Name _____

Password _____

Notes _____

_____

Website _____

User Name _____

Password _____

Notes _____

_____

Website _____

User Name _____

Password _____

Notes _____

_____

Website _____

User Name _____

Password _____

Notes _____

_____

R

Website

User Name

Password

Notes

Website

User Name

Password

Notes

Website

User Name

Password

Notes

Website

User Name

Password

Notes

R

Website

User Name

Password

Notes

Website

User Name

Password

Notes

Website

User Name

Password

Notes

Website

User Name

Password

Notes

R

Website
_____

User Name
_____

Password
_____

Notes
_____

_____

Website
_____

User Name
_____

Password
_____

Notes
_____

_____

Website
_____

User Name
_____

Password
_____

Notes
_____

_____

Website
_____

User Name
_____

Password
_____

Notes
_____

_____

R

Website _____

User Name _____

Password _____

Notes _____

_____

Website _____

User Name _____

Password _____

Notes _____

_____

Website _____

User Name _____

Password _____

Notes _____

_____

Website _____

User Name _____

Password _____

Notes _____

_____

S

Website
_____

User Name
_____

Password
_____

Notes
_____

_____

Website
_____

User Name
_____

Password
_____

Notes
_____

_____

Website
_____

User Name
_____

Password
_____

Notes
_____

_____

Website
_____

User Name
_____

Password
_____

Notes
_____

_____

Website _____

User Name _____

Password _____

Notes _____

_____

Website _____

User Name _____

Password _____

Notes _____

_____

Website _____

User Name _____

Password _____

Notes _____

_____

Website _____

User Name _____

Password _____

Notes _____

_____

S

Website _____

User Name _____

Password _____

Notes _____

_____

Website _____

User Name _____

Password _____

Notes _____

_____

Website _____

User Name _____

Password _____

Notes _____

_____

Website _____

User Name _____

Password _____

Notes _____

_____

S

Website _____

User Name _____

Password _____

Notes _____

_____

Website _____

User Name _____

Password _____

Notes _____

_____

Website _____

User Name _____

Password _____

Notes _____

_____

Website _____

User Name _____

Password _____

Notes _____

_____

T

Website

User Name

Password

Notes

Website

User Name

Password

Notes

Website

User Name

Password

Notes

Website

User Name

Password

Notes

Website _____

User Name _____

Password _____

Notes _____

_____

_____

Website _____

User Name _____

Password _____

Notes _____

_____

_____

Website _____

User Name _____

Password _____

Notes _____

_____

_____

Website _____

User Name _____

Password _____

Notes _____

_____

_____

T

Website _____

User Name _____

Password _____

Notes _____

_____

Website _____

User Name _____

Password _____

Notes _____

_____

Website _____

User Name _____

Password _____

Notes _____

_____

Website _____

User Name _____

Password _____

Notes _____

_____

Website _____

User Name _____

Password _____

Notes _____

_____

_____

Website _____

User Name _____

Password _____

Notes _____

_____

_____

Website _____

User Name _____

Password _____

Notes _____

_____

_____

Website _____

User Name _____

Password _____

Notes _____

_____

U

Website

User Name

Password

Notes

Website

User Name

Password

Notes

Website

User Name

Password

Notes

Website

User Name

Password

Notes

U

Website

User Name

Password

Notes

Website

User Name

Password

Notes

Website

User Name

Password

Notes

Website

User Name

Password

Notes

U

Website _____

User Name _____

Password _____

Notes _____

_____

_____

Website _____

User Name _____

Password _____

Notes _____

_____

_____

Website _____

User Name _____

Password _____

Notes _____

_____

_____

Website _____

User Name _____

Password _____

Notes _____

_____

U

Website

User Name

Password

Notes

Website

User Name

Password

Notes

Website

User Name

Password

Notes

Website

User Name

Password

Notes

V

Website _____

User Name _____

Password _____

Notes _____

_____

Website _____

User Name _____

Password _____

Notes _____

_____

Website _____

User Name _____

Password _____

Notes _____

_____

Website _____

User Name _____

Password _____

Notes _____

_____

V

Website _____

User Name _____

Password _____

Notes _____

_____

Website _____

User Name _____

Password _____

Notes _____

_____

Website _____

User Name _____

Password _____

Notes _____

_____

Website _____

User Name _____

Password _____

Notes _____

_____

V

Website

User Name

Password

Notes

Website

User Name

Password

Notes

Website

User Name

Password

Notes

Website

User Name

Password

Notes

V

Website _____

User Name _____

Password _____

Notes _____

_____

Website _____

User Name _____

Password _____

Notes _____

_____

Website _____

User Name _____

Password _____

Notes _____

_____

Website _____

User Name _____

Password _____

Notes _____

_____

W

Website

User Name

Password

Notes

Website

User Name

Password

Notes

Website

User Name

Password

Notes

Website

User Name

Password

Notes

W

Website _____

User Name _____

Password _____

Notes _____

_____

Website _____

User Name _____

Password _____

Notes _____

_____

Website _____

User Name _____

Password _____

Notes _____

_____

Website _____

User Name _____

Password _____

Notes _____

_____

W

Website
_____

User Name
_____

Password
_____

Notes
_____

_____

Website
_____

User Name
_____

Password
_____

Notes
_____

_____

Website
_____

User Name
_____

Password
_____

Notes
_____

_____

Website
_____

User Name
_____

Password
_____

Notes
_____

_____

Website _____

User Name _____

Password _____

Notes _____

_____

Website _____

User Name _____

Password _____

Notes _____

_____

Website _____

User Name _____

Password _____

Notes _____

_____

Website _____

User Name _____

Password _____

Notes _____

_____

X

Website

User Name

Password

Notes

Website

User Name

Password

Notes

Website

User Name

Password

Notes

Website

User Name

Password

Notes

X

Website _____

User Name _____

Password _____

Notes _____

_____

Website _____

User Name _____

Password _____

Notes _____

_____

Website _____

User Name _____

Password _____

Notes _____

_____

Website _____

User Name _____

Password _____

Notes _____

_____

X

Website _____

User Name _____

Password _____

Notes _____

_____

Website _____

User Name _____

Password _____

Notes _____

_____

Website _____

User Name _____

Password _____

Notes _____

_____

Website _____

User Name _____

Password _____

Notes _____

_____

Website _____

User Name _____

Password _____

Notes _____

_____

_____

Website _____

User Name _____

Password _____

Notes _____

_____

_____

Website _____

User Name _____

Password _____

Notes _____

_____

_____

Website _____

User Name _____

Password _____

Notes _____

_____

_____

Y

Website

User Name

Password

Notes

Website

User Name

Password

Notes

Website

User Name

Password

Notes

Website

User Name

Password

Notes

Y

Website _____
User Name _____
Password _____
Notes _____
_____

Website _____
User Name _____
Password _____
Notes _____
_____

Website _____
User Name _____
Password _____
Notes _____
_____

Website _____
User Name _____
Password _____
Notes _____
_____

Y

Website

User Name

Password

Notes

Website

User Name

Password

Notes

Website

User Name

Password

Notes

Website

User Name

Password

Notes

Y

Website

User Name

Password

Notes

Website

User Name

Password

Notes

Website

User Name

Password

Notes

Website

User Name

Password

Notes

Z

Website

User Name

Password

Notes

Website

User Name

Password

Notes

Website

User Name

Password

Notes

Website

User Name

Password

Notes

Website _____

User Name _____

Password _____

Notes _____

_____

Website _____

User Name _____

Password _____

Notes _____

_____

Website _____

User Name _____

Password _____

Notes _____

_____

Website _____

User Name _____

Password _____

Notes _____

_____

Z

Website
_____

User Name
_____

Password
_____

Notes
_____

_____

Website
_____

User Name
_____

Password
_____

Notes
_____

_____

Website
_____

User Name
_____

Password
_____

Notes
_____

_____

Website
_____

User Name
_____

Password
_____

Notes
_____

_____

Z

Website

User Name

Password

Notes

Website

User Name

Password

Notes

Website

User Name

Password

Notes

Website

User Name

Password

Notes

Made in the USA
Monee, IL
23 November 2019